This Password Book Belongs To . . .

....

....

....

....

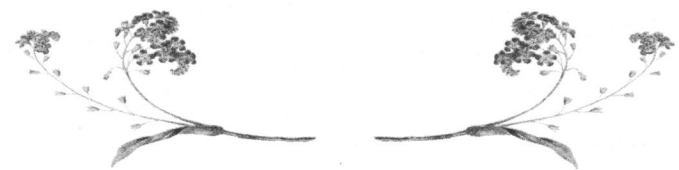

Web Page	
Username	
Password	
Notes	....

Web Page	
Username	
Password	
Notes	....

Web Page	
Username	
Password	
Notes	....

Web Page	
Username	
Password	
Notes	....

Web Page	
Username	
Password	
Notes	....

Web Page	
Username	
Password	
Notes	....

Web Page	
Username	
Password	
Notes	

Web Page	
Username	
Password	
Notes	

Web Page	
Username	
Password	
Notes	

Web Page	
Username	
Password	
Notes	

Web Page	
Username	
Password	
Notes	

Web Page	
Username	
Password	
Notes	

Web Page	
Username	
Password	
Notes	

Web Page	
Username	
Password	
Notes	

Web Page	
Username	
Password	
Notes	

Web Page	
Username	
Password	
Notes	

Web Page	
Username	
Password	
Notes	

Web Page	
Username	
Password	
Notes	

Web Page	
Username	
Password	
Notes	

Web Page	
Username	
Password	
Notes	

Web Page	
Username	
Password	
Notes	

Web Page	
Username	
Password	
Notes	

Web Page	
Username	
Password	
Notes	

Web Page	
Username	
Password	
Notes	

Web Page	
Username	
Password	
Notes	

Web Page	
Username	
Password	
Notes	

Web Page	
Username	
Password	
Notes	

Web Page	
Username	
Password	
Notes	

Web Page	
Username	
Password	
Notes	

Web Page	
Username	
Password	
Notes	

Web Page	
Username	
Password	
Notes	

Web Page	
Username	
Password	
Notes	

Web Page	
Username	
Password	
Notes	

Web Page	
Username	
Password	
Notes	

Web Page	
Username	
Password	
Notes	

Web Page	
Username	
Password	
Notes	

D

Web Page	
Username	
Password	
Notes	

Web Page	
Username	
Password	
Notes	

Web Page	
Username	
Password	
Notes	

Web Page	
Username	
Password	
Notes	

Web Page	
Username	
Password	
Notes	

Web Page	
Username	
Password	
Notes	

Web Page	
Username	
Password	
Notes	

Web Page	
Username	
Password	
Notes	

Web Page	
Username	
Password	
Notes	

Web Page	
Username	
Password	
Notes	

Web Page	
Username	
Password	
Notes	

Web Page	
Username	
Password	
Notes	

Web Page	
Username	
Password	
Notes	

Web Page	
Username	
Password	
Notes	

Web Page	
Username	
Password	
Notes	

Web Page	
Username	
Password	
Notes	

Web Page	
Username	
Password	
Notes	

Web Page	
Username	
Password	
Notes	

Web Page	
Username	
Password	
Notes	

Web Page	
Username	
Password	
Notes	

Web Page	
Username	
Password	
Notes	

Web Page	
Username	
Password	
Notes	

Web Page	
Username	
Password	
Notes	

Web Page	
Username	
Password	
Notes	

Web Page	
Username	
Password	
Notes	

Web Page	
Username	
Password	
Notes	

Web Page	
Username	
Password	
Notes	

Web Page	
Username	
Password	
Notes	

Web Page	
Username	
Password	
Notes	

Web Page	
Username	
Password	
Notes	

Web Page	
Username	
Password	
Notes	

Web Page	
Username	
Password	
Notes	

Web Page	
Username	
Password	
Notes	

F

Web Page	
Username	
Password	
Notes	

Web Page	
Username	
Password	
Notes	

Web Page	
Username	
Password	
Notes	

Web Page	
Username	
Password	
Notes	

Web Page	
Username	
Password	
Notes	

Web Page	
Username	
Password	
Notes	

Web Page

Username	
Password	
Notes	

Web Page

Username	
Password	
Notes	

Web Page

Username	
Password	
Notes	

G

Web Page	
Username	
Password	
Notes	

Web Page	
Username	
Password	
Notes	

Web Page	
Username	
Password	
Notes	

Web Page	
Username	
Password	
Notes	....

Web Page	
Username	
Password	
Notes	....

Web Page	
Username	
Password	
Notes	....

Web Page	
Username	
Password	
Notes	

Web Page	
Username	
Password	
Notes	

Web Page	
Username	
Password	
Notes	

Web Page	
Username	
Password	
Notes	

Web Page	
Username	
Password	
Notes	

Web Page	
Username	
Password	
Notes	

Web Page	
Username	
Password	
Notes	

Web Page	
Username	
Password	
Notes	

Web Page	
Username	
Password	
Notes	

Web Page	
Username	
Password	
Notes	

Web Page	
Username	
Password	
Notes	

Web Page	
Username	
Password	
Notes	

Web Page	
Username	
Password	
Notes	....

Web Page	
Username	
Password	
Notes	....

Web Page	
Username	
Password	
Notes	....

Web Page	
Username	
Password	
Notes	....

Web Page	
Username	
Password	
Notes	....

Web Page	
Username	
Password	
Notes	....

Web Page	
Username	
Password	
Notes	....

Web Page	
Username	
Password	
Notes	....

Web Page	
Username	
Password	
Notes	....

Web Page	
Username	
Password	
Notes	

Web Page	
Username	
Password	
Notes	

Web Page	
Username	
Password	
Notes	

Web Page	
Username	
Password	
Notes	

Web Page	
Username	
Password	
Notes	

Web Page	
Username	
Password	
Notes	

Web Page	
Username	
Password	
Notes	

Web Page	
Username	
Password	
Notes	

Web Page	
Username	
Password	
Notes	

Web Page	
Username	
Password	
Notes	

Web Page	
Username	
Password	
Notes	

Web Page	
Username	
Password	
Notes	

Web Page	
Username	
Password	
Notes	

Web Page	
Username	
Password	
Notes	

Web Page	
Username	
Password	
Notes	

Web Page	
Username	
Password	
Notes	....

Web Page	
Username	
Password	
Notes	....

Web Page	
Username	
Password	
Notes	....

Web Page	
Username	
Password	
Notes	

Web Page	
Username	
Password	
Notes	

Web Page	
Username	
Password	
Notes	

Web Page	
Username	
Password	
Notes	

Web Page	
Username	
Password	
Notes	

Web Page	
Username	
Password	
Notes	

Web Page	
Username	
Password	
Notes	

Web Page	
Username	
Password	
Notes	

Web Page	
Username	
Password	
Notes	

Web Page	
Username	
Password	
Notes	

Web Page	
Username	
Password	
Notes	

Web Page	
Username	
Password	
Notes	

Web Page	
Username	
Password	
Notes	....

Web Page	
Username	
Password	
Notes	....

Web Page	
Username	
Password	
Notes	....

Web Page	
Username	
Password	
Notes	

Web Page	
Username	
Password	
Notes	

Web Page	
Username	
Password	
Notes	

Web Page	
Username	
Password	
Notes	

Web Page	
Username	
Password	
Notes	

Web Page	
Username	
Password	
Notes	

Web Page	
Username	
Password	
Notes	

Web Page	
Username	
Password	
Notes	

Web Page	
Username	
Password	
Notes	

Web Page

Username	
Password	
Notes	

Web Page

Username	
Password	
Notes	

Web Page

Username	
Password	
Notes	

Web Page	
Username	
Password	
Notes	

Web Page	
Username	
Password	
Notes	

Web Page	
Username	
Password	
Notes	

Web Page	
Username	
Password	
Notes	....

Web Page	
Username	
Password	
Notes	....

Web Page	
Username	
Password	
Notes	....

Web Page

Username	
Password	
Notes	

Web Page

Username	
Password	
Notes	

Web Page

Username	
Password	
Notes	

Web Page	
Username	
Password	
Notes	

Web Page	
Username	
Password	
Notes	

Web Page	
Username	
Password	
Notes	

Web Page	
Username	
Password	
Notes	....

Web Page	
Username	
Password	
Notes	....

Web Page	
Username	
Password	
Notes	....

Web Page	
Username	
Password	
Notes	....

Web Page	
Username	
Password	
Notes	....

Web Page	
Username	
Password	
Notes	....

Web Page	
Username	
Password	
Notes	

Web Page	
Username	
Password	
Notes	

Web Page	
Username	
Password	
Notes	

Web Page	
Username	
Password	
Notes	....

Web Page	
Username	
Password	
Notes	....

Web Page	
Username	
Password	
Notes	....

Web Page	
Username	
Password	
Notes	

Web Page	
Username	
Password	
Notes	

Web Page	
Username	
Password	
Notes	

Web Page	
Username	
Password	
Notes	

Web Page	
Username	
Password	
Notes	

Web Page	
Username	
Password	
Notes	

Web Page	
Username	
Password	
Notes	

Web Page	
Username	
Password	
Notes	

Web Page	
Username	
Password	
Notes	

Web Page	
Username	
Password	
Notes	....

Web Page	
Username	
Password	
Notes	....

Web Page	
Username	
Password	
Notes	....

Web Page	
Username	
Password	
Notes	

Web Page	
Username	
Password	
Notes	

Web Page	
Username	
Password	
Notes	

Web Page	
Username	
Password	
Notes	

Web Page	
Username	
Password	
Notes	

Web Page	
Username	
Password	
Notes	

Web Page	
Username	
Password	
Notes	....

Web Page	
Username	
Password	
Notes	....

Web Page	
Username	
Password	
Notes	....

Web Page	
Username	
Password	
Notes	

Web Page	
Username	
Password	
Notes	

Web Page	
Username	
Password	
Notes	

Web Page	
Username	
Password	
Notes	

Web Page	
Username	
Password	
Notes	

Web Page	
Username	
Password	
Notes	

Web Page	
Username	
Password	
Notes	

Web Page	
Username	
Password	
Notes	

Web Page	
Username	
Password	
Notes	

Web Page	
Username	
Password	
Notes	

Web Page	
Username	
Password	
Notes	

Web Page	
Username	
Password	
Notes	

Web Page	
Username	
Password	
Notes	

Web Page	
Username	
Password	
Notes	

Web Page	
Username	
Password	
Notes	

Web Page	
Username	
Password	
Notes	

Web Page	
Username	
Password	
Notes	

Web Page	
Username	
Password	
Notes	

Web Page	
Username	
Password	
Notes	

Web Page	
Username	
Password	
Notes	

Web Page	
Username	
Password	
Notes	

Web Page	
Username	
Password	
Notes	

Web Page	
Username	
Password	
Notes	

Web Page	
Username	
Password	
Notes	

Web Page	
Username	
Password	
Notes	

Web Page	
Username	
Password	
Notes	

Web Page	
Username	
Password	
Notes	

Web Page	
Username	
Password	
Notes	

Web Page	
Username	
Password	
Notes	

Web Page	
Username	
Password	
Notes	

Web Page	
Username	
Password	
Notes	

Web Page	
Username	
Password	
Notes	

Web Page	
Username	
Password	
Notes	

Web Page	
Username	
Password	
Notes	

Web Page	
Username	
Password	
Notes	

Web Page	
Username	
Password	
Notes	

Web Page	
Username	
Password	
Notes	

Web Page	
Username	
Password	
Notes	

Web Page	
Username	
Password	
Notes	

T

Web Page	
Username	
Password	
Notes	

Web Page	
Username	
Password	
Notes	

Web Page	
Username	
Password	
Notes	

Web Page	
Username	
Password	
Notes	

Web Page	
Username	
Password	
Notes	

Web Page	
Username	
Password	
Notes	

Web Page	
Username	
Password	
Notes	

Web Page	
Username	
Password	
Notes	

Web Page	
Username	
Password	
Notes	

Web Page	
Username	
Password	
Notes	

Web Page	
Username	
Password	
Notes	

Web Page	
Username	
Password	
Notes	

Web Page	
Username	
Password	
Notes	

Web Page	
Username	
Password	
Notes	

Web Page	
Username	
Password	
Notes	

Web Page	
Username	
Password	
Notes	....

Web Page	
Username	
Password	
Notes	....

Web Page	
Username	
Password	
Notes	....

Web Page

Username	
Password	
Notes	

Web Page

Username	
Password	
Notes	

Web Page

Username	
Password	
Notes	

Web Page

Username	
Password	
Notes	....

Web Page

Username	
Password	
Notes	....

Web Page

Username	
Password	
Notes	....

Web Page

Username	
Password	
Notes	

Web Page

Username	
Password	
Notes	

Web Page

Username	
Password	
Notes	

V

Web Page	
Username	
Password	
Notes	

Web Page	
Username	
Password	
Notes	

Web Page	
Username	
Password	
Notes	

Web Page	
Username	
Password	
Notes	

Web Page	
Username	
Password	
Notes	

Web Page	
Username	
Password	
Notes	

Web Page

Username	
Password	
Notes	

Web Page

Username	
Password	
Notes	

Web Page

Username	
Password	
Notes	

Web Page	
Username	
Password	
Notes	

Web Page	
Username	
Password	
Notes	

Web Page	
Username	
Password	
Notes	

Web Page	
Username	
Password	
Notes	....

Web Page	
Username	
Password	
Notes	....

Web Page	
Username	
Password	
Notes	....

Web Page	
Username	
Password	
Notes	....

Web Page	
Username	
Password	
Notes	....

Web Page	
Username	
Password	
Notes	....

Web Page	
Username	
Password	
Notes	

Web Page	
Username	
Password	
Notes	

Web Page	
Username	
Password	
Notes	

Web Page	
Username	
Password	
Notes	....

Web Page	
Username	
Password	
Notes	....

Web Page	
Username	
Password	
Notes	....

Web Page	
Username	
Password	
Notes	

Web Page	
Username	
Password	
Notes	

Web Page	
Username	
Password	
Notes	

Web Page		
Username		
Password		
Notes		

Web Page		
Username		
Password		
Notes		

Web Page		
Username		
Password		
Notes		

Web Page	
Username	
Password	
Notes	

Web Page	
Username	
Password	
Notes	

Web Page	
Username	
Password	
Notes	

Web Page

Username	
Password	
Notes	

Web Page

Username	
Password	
Notes	

Web Page

Username	
Password	
Notes	

Web Page	
Username	
Password	
Notes	

Web Page	
Username	
Password	
Notes	

Web Page	
Username	
Password	
Notes	

Web Page	
Username	
Password	
Notes	

Web Page	
Username	
Password	
Notes	

Web Page	
Username	
Password	
Notes	

Web Page	
Username	
Password	
Notes	

Web Page	
Username	
Password	
Notes	

Web Page	
Username	
Password	
Notes	

Web Page	
Username	
Password	
Notes	

Web Page	
Username	
Password	
Notes	

Web Page	
Username	
Password	
Notes	

Web Page

Username	
Password	
Notes	....

Web Page

Username	
Password	
Notes	....

Web Page

Username	
Password	
Notes	....

USEFUL INTERNET & COMPUTER INFORMATION

INTERNET SERVICE PROVIDER NAME:

ACCOUNT NUMBER:

TECH SUPPORT:

CUSTOMER SERVICE:

NOTE:

ROUTER/WIRELESS ACCESS POINT

MODEL NUMBER:

SERIAL NUMBER:

OUTGOING SERVER:

DEFAULT USERNAME:

DEFAULT PASSWORD:

USER DEFAINED RL/IP ADDRESS:

USER DEFAINED USERNAME:

USER DEFAINED PASSWORD

NOTE:

DOMAIN INFORMATION

DOMAIN NAME:

HOST ADDRESS:

USERNAME:

PASSWORD:

TECH SUPPORT:

CUSTOMER SERVICE:

NOTE:

EMAIL PERSONAL

MAIL SERVER TYPE:

INCOMING SERVER:

OUTGOING SERVER:

USERNAME:

PASSWORD:

EMAIL WORK

MAIL SERVER TYPE:

INCOMING SERVER:

OUTGOING SERVER:

USERNAME:

PASSWORD:

Notes

....

....

....

....

....

....

....

....

....

....

....

....

....

....

....

....

Notes

....

....

....

....

....

....

....

....

....

....

....

....

....

....

....

Made in the USA
Monee, IL
07 July 2026

56550171R00066